Denke positiv!

Gedichte

Band 9

Nicole Sunitsch

Bibliografische Information der Deutschen Nationalbibliothek:
Die Deutsche Nationalbibliothek verzeichnet diese Publikation in
der Deutschen Nationalbibliografie;
detaillierte bibliografische Daten sind im Internet über
http://dnb.dnb.de abrufbar.

© 2018 Nicole Sunitsch

Herstellung und Verlag:
BoD – Books on Demand, Norderstedt

2. Auflage: August 2018
ISBN: 978-3-7528-5785-6

Titel/Idee: Nicole Sunitsch
Cover/Bilder: Nicole Sunitsch
Gedichte/Zitate: Nicole Sunitsch
Korrektorat: Elisabeth Michl

Danke

Als erstes möchte ich dir danken,
mit meinen Gedichten noch nicht weiter schwanken.
Du hältst nun mein neuntes Büchlein in deiner Hand,
doch ich nur ein kleiner Autor
und überhaupt nicht bekannt.

Du bist ein Mensch, der mich nicht kennt,
aber auch nicht einem Bestseller hinterher rennt.
Ich danke dir für deinen Kauf,
vielleicht gibst du mir eine Bewertung darauf.
Auch wenn nicht alles perfekt geschrieben ist,
hoffe ich, dass du mit deinem Herzen dabei bist.

Darüber würde ich mich sehr freuen,
denn es werden noch weitere Bücher von mir folgen.
Vielleicht erzählst du mal von meinen Gedichten,
sie sind ähnlich wie deine Geschichten.

Nimm das Büchlein an schlechten Tagen wieder raus
und vergiss nicht, gib dich niemals auf.

Vorwort

Liebe Leser!

Wie mein Gedichtsbuch entstand

Vor zwei Jahren schrieb ich mein erstes Gedicht,
es gefiel mir sehr in jeder Hinsicht.
Es lag lange in meiner Mappe,
ohne dass ich gedanklich Zugriff hatte.
Ein soziales Projekt brachte mir wieder die Idee
und bereitete mir Bauchweh.
Ich nahm meinen Stift in die Hand,
schon war ein Gedicht fertig und anerkannt.

Aus den Gedichten wurden immer mehr,
das freute mich sehr.
Ich wollte die Gedichte nur für mich schreiben
und die Öffentlichkeit damit meiden.
Doch ich fand es einfach zu schade,
denn es ist doch eine schöne Gabe, die ich habe.
Vielleicht gefallen meine Gedichte der Welt,
zahlen dafür ein wenig Geld.
Und geht mein Buch nur durch wenige Hände,
dann spricht das für mich schon Bände.

Vielleicht konnte ich euch einiges von der Seele
schreiben und es hilft euch ein wenig bei euren Leiden.
Ich weiß, es ist nur ein kleiner Trost,
doch vielleicht lässt es für kurze Zeit eure
negativen Gedanken los.
Wenn ich das mit meinen Zeilen bewirken kann,
dann hilft es in schwierigen Zeiten jedermann.

Und wenn es nur wenige Menschen lesen,
für mich sind sie besondere Wesen.
Es zahlen zwar nicht alle Spesen,
lest das Büchlein mit Herz
und ihr versteht auch meine Thesen.
Ich glaube, es ist für jeden etwas dabei,
als ich die Gedichte schrieb, machten sie mich frei.

Nun möchte ich nicht weiter schwanken,
lest meine Gedichte,
dann kennt ihr meine Gedanken.
Das Büchlein soll euch Liebe und Glück bescheren,
in keiner Weise belehren,
sondern sich nur vermehren.
Nun ist das Büchlein schon das Neunte
und sie begleiten mich wie Freunde.
Ich freue mich über das neunte Büchlein sehr
und ich hoffe es werden von meinen Büchern noch viel
mehr.

Wieso glaubst du nicht an dich, wenn du so ein wundervoller Mensch bist?

Wundervoller Mensch

Du weißt nicht, wie wundervoll du bist,
kommst mit dir selbst oft in einen Zwist.
Wieso tust du dir das an,
wenn das Leben so leicht sein kann?

Glaube an dich ganz fest,
das Leben ist oft wie ein Test.
Und hast du diese Prüfung bestanden,
dann weißt du auch,
warum dich schon so viele Menschen
einzigartig fanden.

Wieso hast du nur den geringsten Zweifel in dem, was du tust, wenn du doch immer dein Bestes gibst?

Dein Bestes

Habe keinen Zweifel an dir,
alles wird gut, bitte glaube mir.

Du hast immer dein Bestes gegeben,
durftest schon viele schöne Momente erleben.

Baue auf deiner positiven Lebenseinstellung
auf, denn alleine durch diese Gedanken
kommst du immer weiter rauf.

Wieso machst du dir so viele Gedanken über andere, wenn du mal Zeit für dich hast?

Dein Leben

Konzentriere dich nur auf dein Leben,
dafür hat dir Gott die Zeit gegeben.

Es ist nicht wichtig, was andere machen,
ob sie zu dir stehen oder über dich lachen.

Entscheide selbst, es ist dein Leben
und der liebe Gott hat dir nur eines gegeben.

Wieso hörst du auf andere,
wenn du schon so viel
alleine geschafft hast?

Du wirst es schaffen

Du hörst gerne auf andere Stimmen,
doch dir fehlt es nicht an deinen Sinnen.
Du hast schon so vieles geschafft,
hast dich immer wieder aufgerafft.

Deswegen solltest du es wie
viele andere machen,
glaub an dich
und du wirst es schaffen.

Wieso glaubst du,
es wird sich was ändern,
wenn du noch nicht bereit
bist, etwas zu verändern?

Veränderung

Du bist noch nicht bereit,
doch Veränderung braucht seine Zeit.
Die Zeit tickt und läuft,
deine schlechte Stimmung
sich immer öfter häuft.

Deswegen nimm die Veränderung an,
sei bereit egal wann.
Deine Seele wartet nur darauf,
dadurch hellt sich deine Stimmung auf.
Nun ist die Veränderung endlich da
und vielleicht werden auch Träume wahr.

Wieso ist es derzeit
so schwierig?
Weil die schweren Dinge
erst zum Schluss kommen.

Zum Schluss

Manchmal ist das Leben schwer,
von den falschen Menschen
werden immer mehr.
Nicht selten ist das Leben schwierig,
die Menschen sind oft gierig.

Verliere nie den Mut in der harten Zeit,
vielleicht bist du einfach noch nicht soweit.
Spar dir deine Kraft für später,
wer weiß, vielleicht brauchst du sie
noch für deine Verräter.

Die schwierigsten Dinge werden
zum Schluss kommen
und besitzt du dann noch Kraft,
dann hast du gewonnen.

Wieso liebe ich die Stille?
Weil dann dein Herz
zur Ruhe kommt.

Stille

Jeder Mensch kennt den Schmerz,
meistens gehen die Narben aufs Herz.
Das Herz braucht genau dann Ruh,
sich auch mal verschließen gehört dazu.

Deswegen ist die Stille so wichtig,
du wirst mit deinen Augen ganz umsichtig.
All das versuche ich regelmäßig umzusetzen,
ohne den Körper mit Druck
oder Zwang zu hetzen.

All die Liebe nur für deine Stille,
mein Gott; wie stark ist der Wille!

Wieso beneiden mich so viele Menschen?
Weil du ganz viel Unbeschwertheit in deinem Herzen trägst.

Unbeschwertheit

Viele Menschen sind sehr verschlossen,
sie haben schon viele Tränen vergossen.
Sie geben nichts mehr preis,
orientieren sich nicht mehr nach Fleiß.

Sie haben den Mut verloren,
doch wir wurden mit allem
was wir brauchen, geboren.
Und deswegen lass dir von keinem die
Unbeschwertheit nehmen,
denn Neid wird es immer wieder geben.

Wieso gibst du so viel,
wenn du so wenig
zurückbekommst?

Nehmen und Geben

Nicht alle gehören immer zu den Guten,
denn man kann nicht jedem
immer alles zumuten.
Du gibst jeden Tag,
jede Enttäuschung macht dich stark.

Du bekommst fast nie etwas zurück,
du glaubst, du hast kein Glück.
Doch achte mal gezielt darauf
und alles nimmt einen anderen Verlauf.

Nach einer Weile ist nicht mehr alles
zerronnen, denn du wirst von dir selbst sehr
viel zurückbekommen.

Wieso misst du dich mit
anderen, wenn du selbst
Größe hast?

Größe

Du musst dich nicht immer
mit anderen messen,
du hast doch selbst immer Größe besessen.
Du bestimmst, ob du dich liebst
und mit deiner Größe siegst.

Die richtige Größe findest du in deinem
Herzen, ohne dich zu messen,
ganz ohne Schmerzen.

Warum ist meine
Welt so traurig?
Weil du sie traurig siehst
und ihr nicht mit einem
Lächeln begegnest.

Meine Welt

Deine Welt ist traurig und leer,
du kannst nicht mehr.
Keine Tränen sollen über dein Gesicht fließen
und dein Lächeln mit Trauer begießen.

Dein Herz hat sich daran gewöhnt,
nicht zu lachen wäre verpönt.
Mit einem Lächeln machst du nichts verkehrt,
dein Lächeln jede Trauer verzehrt.

Du kannst dich entscheiden,
siehst du die Freude
oder bist du fürs Leiden.
Doch vergiss nicht,
die Welt ist ein Segen,
wenn wir ihr mit einem Lächeln begegnen.

Warum denke ich anders
als die anderen?
Weil du durch deine
Erfahrungen
und durch die Erlebnisse
anders geworden bist.
Anders sein ist schön,
wer möchte schon gleich
und normal sein?

Anders sein

Es sind die Erfahrungen,
die das Leben ausmachen,
für dich meist traurig,
für andere zum Lachen.
Du bist durch die Erlebnisse
anders geworden,
das ist ganz normal,
bei so vielen Sorgen.

Gerade das anders sein
macht dich wunderbar,
Menschen die nicht anderen gleichen,
sind sehr rar.
Sei weiterhin anders
und nicht gleich,
denn dadurch bleiben unsere Herzen weich.

Warum erreiche ich
meine Ziele nicht?
Weil du dir vielleicht zu
hohe Ziele steckst.
Beginne mit kleinen
Zielen und du wirst
Erfolge sehen.

Ziele

Deine Ziele sind zu weit entfernt,
Schritt für Schritt,
haben wir schon in der Schule gelernt.

Deine Ziele sind zu hoch,
erreichst du sie nicht,
fällst du in ein Loch.

Doch durch kleine Ziele wirst du Erfolge sehen
und diese Erfolgserlebnisse werden dir wieder
Kraft und Zuversicht geben.

Warum habe ich Angst?
Angst ist ein Gefühl
und dein größter Feind.
Versuche sie zu bearbeiten
und du wirst frei sein.

Ein Gefühl

Ein Gefühl wie die Angst,
wenn du um deine Lieben bangst.
Es kommen noch andere Ängste dazu,
innerlich aufgewirbelt und keine Ruh.

Die Angst hindert dich in deinem Leben,
genau sie lässt dich zweifeln beim Nehmen
und beim Geben.

Gib deiner Angst ganz langsam
immer wieder einen Tritt,
so wirst du bald frei sein,
Schritt für Schritt.

Wieso erwischt es
immer mich?
Weil du durch jedes
Erlebnis und jede
Erfahrung größer
wirst und wächst.

Licht

Wieso sehe ich oft kein Licht,
alles ist so schwer,
kein Ende in Sicht.
Ich fühle mich einsam und leer,
meine Stimme sagt mir,
ich kann nicht mehr.

Doch oft gibt es wieder andere Tage,
wo ich neue Schritte wage.
Die schönen Momente tun mir gut,
sie geben mir neuen Mut.
Durch jede Erfahrung werden wir geprägt,
wir haben es selbst erlebt.

Und irgendwann fragst du dich wieder,
wieso trifft es immer nur mich?
Sehe nicht nur die Dunkelheit,
sondern gehe zum Licht.

Warum bringt mich das
Leben so oft aus dem
Gleichgewicht?
Weil du zu wenig
Stabilität hast.
Beginne mit deiner Mitte,
deinem Zentrum und dein
Selbstbewusstsein wird
wachsen.

Gleichgewicht

Suche das Gleichgewicht im Leben,
das wird dir die Stabilität wieder geben.
Sammle die Kraft im Zentrum,
denn die Mitte ist das Universum.

Dein Selbstbewusstsein wird
wachsen und gedeihen,
vielleicht auch deine Zweifel heilen.

Ganz langsam wirst du stärker werden,
denn das Gleichgewicht ist dein Glück auf
Erden.

Wieso machst du es dir
selbst so schwer,
wenn du es viel einfacher
haben könntest?

Schwer

Oft machen wir es uns selbst schwer,
verlangen von uns und anderen immer mehr.
Viele Menschen schieben das Schöne beiseite,
sehen nicht die Weite
und auch nicht das Leichte.

Doch du kannst es viel einfacher haben,
denn „schwer" besteht auch aus leichten
Buchstaben.

Wieso schämst du dich für deine kleinen Fehler, wenn andere durch sie wachsen?

Schamgefühl

Du brauchst dich für nichts zu schämen,
deine Fehler sollen dich nicht lähmen.
Fehler gehören zum Leben
und auch zu dir,
egal ob eins, zwei, drei oder vier.

Manche Fehler stehen zwar am Papier,
mancher Menschentrost, die Gier.
Dadurch wirst du dich entwickeln
und entfalten.

Menschen, die durch deine Fehler wachsen,
sind nur Lichtgestalten.

Wieso sagst du so oft Ja,
wenn du Nein meinst?

Ja und Nein

Das Ja hilft dir nicht immer,
dein innerlicher Frieden wird
dadurch nicht geringer.
Hab keine Angst vor einem Nein,
mit der Zeit stärkt es dein Selbstbewusstsein.

Lerne mit den Reaktionen umzugehen,
versuche dir deine Bedürfnisse einzugestehen.
Vielmehr ist es das Ja zu dir selbst,
weil du dich dadurch
nicht nur für andere quälst.

Wieso ist deine Welt oft so schwarz, wenn die Sonne scheint?

Schwarz – Weiß

Für dich gibt es nur schwarz oder weiß,
kein lauwarm, sondern nur kalt oder heiß.
Für dich gibt es nur gelb oder rot,
keine Lebendigkeit,
sondern nur krank oder tot.

Für dich gibt es nur gut oder schlecht,
kein ausgezeichnet,
nur Unrecht oder Recht.
Für dich gibt es nur Sonne oder Regen,
doch deine Augen könnten viel mehr
die schönen Dinge sehen.

Betrachte die Welt mal von
einer anderen Seite,
denn dann siehst du viel öfters die Sonne
und auch das Weite.

Wieso genießt du nicht die kleinen Dinge im Leben, wenn die großen nicht zu erreichen sind?

Die kleinen Dinge

Auch die kleinen Dinge im Leben,
können jedem Menschen Glücksgefühle geben.
Man muss nicht viel besitzen,
nicht immer erreicht man die Bergspitzen.
Deswegen beginne langsam
und immer wieder von vorn,
wenn du mal was nicht erreichst,
hab keinen Zorn.

Sei stolz auf die erreichten Schritte,
denn nicht hoch oder tief,
sind die goldene Mitte.

Wieso bist du körperlich so bequem, wenn dein Geist so motiviert ist?

Motivation

Dein Geist ist motiviert,
dein Körper auf die Bequemlichkeit fixiert.
Lasse deinem Geist freien Lauf,
er wird dir helfen
und richtet deinen Körper auf.

Nach kurzer Zeit wirst du merken,
deine innere Uhr wird anders werken.
Mit dieser Einstellung wirst du mehr erreichen
und die Bequemlichkeit wird von dir weichen.
Dein Körper wird es dir danken
und nicht an der eigenen Faulheit erkranken.

Wieso kränkst du dich so oft, wenn du schon weißt, wie die Gesellschaft ist?

Kränken

Kränke dich nicht zu oft,
lieber hättest du dir Anerkennung erhofft.
Die Kränkung hängt von deinem Selbstwert ab,
deswegen gib immer gut auf dich acht.

Lass dich durch Kränkungen nicht verletzen,
manche Menschen wollen dich nur austesten.
Ist dein Selbstbewusstsein derzeit gering,
ist das für andere ein Beginn.

Genau dann versuchen oft Menschen,
dir weh zu tun,
doch in solchen Momenten bist du gegen
Verletzungen und Kränkungen nicht immun.

Sei es Neid, Rache oder Wut,
Stärke dein Selbstbewusstsein
und alles wird gut.

Wieso schwimmst du mit anderen Menschen immer mit, wenn du deine Längen selbst bestimmen kannst?

Deine Längen

Du bestimmst deine eigenen Längen,
lasse dir von niemanden etwas aufzwängen.
Dein Leben ist selbstbestimmt,
ohne dass du dein ganzes Leben
nur mitschwimmst.

So wie du bist,
bist du einfach klasse,
schwimme immer deine eigenen Längen,
dann hebst du dich ab von der Masse.

Wieso glaubst du nicht an dich, obwohl du schon so oft erfolgreich warst?

Glaube an deinen Erfolg

Du hast schon viele Ziele erreicht,
nicht immer war es leicht.
Mit Erfolgen verstärkst du deine Motivation,
schaffst du mal was nicht,
war es eine Lektion.

Doch nur, wenn du an dich glaubst,
kannst du alles Weitere machen,
so wirst du auch große Erfolge schaffen.
Du bestimmst deinen Plan,
du sagst genau wann.

Mit deinem Glauben stellst du dir die Weichen
und du wirst sehen,
mit dieser Einstellung kannst du alles
erreichen.

Wieso bist du nicht ehrlich zu dir selbst, wenn du Lügen so sehr hasst?

Ehrlichkeit

Sei zu dir treu und ehrlich,
das ist im Leben unentbehrlich.
Deine Lügen wurden dir zur Last,
wie oft hast du dich dafür gehasst.
Ändere deine Einstellung in dir,
Ehrlichkeit bleibt
und vielleicht ist sie dein Lebenselixier.

Warum klappt es mit der
Liebe nicht?
Weil du dich zuerst selbst
lieben musst, um Liebe
empfangen zu können.

Selbstliebe

Nichts will bei mir klappen,
Liebesbriefe, abgelegt in meinen Mappen.
Bis jetzt sollte es nicht sein,
meine Männer, meistens klein und gemein.
Die Hoffnung habe ich noch nicht verloren,
mittlerweile fühle ich mich auch alleine
geborgen.

Ich nehme mich selbst mehr wahr,
vielleicht ist das mit der Liebe auch machbar.
Ich glaube, ich beginne jetzt mal bei mir,
denn mir wurde gesagt,
erst mit Selbstliebe kommt die
Liebe zu dir.

Warum kann ich mich
nicht durchsetzen?
Weil du lieber dich selbst
verletzt anstatt andere.

Durchsetzungsvermögen

Menschen, die sich immer durchsetzen,
gehören nicht zu den Verletzten.
Trainiere deine Selbstsicherheit,
du wirst stärker, nach einiger Zeit.

Mit deinem Durchsetzungsvermögen wirst
du Ziele ganz leicht erreichen
und manche Gegner mit deiner Stärke
erweichen.

Deine Glaubwürdigkeit wird dadurch steigen
und wenn du willst,
kannst du deine Erfolge aller Welt auch
zeigen.

Wieso lachen die Menschen
über mich?
Weil sie mindestens ein
Mal am Tag lachen
sollten und der Grund
dafür bist Du.
Ist das nicht schön?

Lachen

Manche Menschen können über
sich selbst nicht lachen,
suchen sich ein Opfer,
verbreiten oft unrichtige Sachen.
Wie schön es doch ist,
wenn du ganz oft in den Gedanken
anderer bist.

Das ist zwar trist,
doch du kommst mit dir selbst
nicht in einen Zwist.
Du bist wundervoll
und wenn andere über dich lachen,
finden sie dich vielleicht im Innersten
auch ganz toll.

Wieso reden die Menschen
über mich?
Weil du ein ganz
besonderes, feinfühliges
und herzliches Wesen bist.

Gerede

Du bist sehr interessant,
doch nicht jeder reicht dir die Hand.
Vielmehr wird über dich geredet und gelacht,
doch bisher hat es dir nur Kummer gebracht.

Nicht selten wurdest du verletzt,
die üblen Nachreden waren wie ein Test.
Doch wenn die Leute über dich reden,
scheint sie irgendetwas zu quälen.

Das Gerede und du seid in ihren Gedanken
und mit dieser negativen Energie werden sie
innerlich langsam erkranken.

Wenn deine Deckung schlecht ist, arbeite an dir. Richte dich auf, mach dich groß und kämpfe.

Kämpfe

Schätze die Normalität,
denn bei Krankheit ist es meistens zu spät.
Nimm auch die Tiefen in deinem Leben an,
mach dir für die Zukunft einen Plan.

Lasst uns die Rückschläge einstecken,
um danach mehr Kraft im Körper zu erwecken.
Nichts wird leichter werden,
doch du wirst immer stärker auf Erden.

Irgendwann hast du die Größe erreicht,
jeder Kampf deinen Erfolg im
Leben unterstreicht.
Lasst uns trotz Niederlagen
immer wieder aufstehen,
denn das Leben sagt uns,
sich weiter zu bewegen.

Wieso traust du dir so wenig zu, wenn dein Herz so mutig ist?

Mut

Traue dir ganz viel zu,
wenn es sein muss,
wechsle deine Schuh.
Schuhe, die deinem Herzschlag gleichen,
um mit Mut neue Ziele zu erreichen.

Vertraue dir selbst,
fasse all deinen Mut zusammen,
so wird sich dein Herz für Neues,
immer wieder entflammen.

Wieso gibst du auf,
wenn der Erfolg schon
fast da ist?

Gib nicht auf!

Wenn es schwer wird, nicht aufgeben,
weitermachen und trotzdem die Füße heben.
Genau das wird dir den Erfolg bringen,
mit Durchhaltevermögen und Ausdauer
kannst du jeden Berg bezwingen.

Dein Gehirn sagt dir, es reicht,
dein neuer Weg ganz langsam erbleicht.
Lebe deine Visionen,
das Leben wird dich mit Erfolg belohnen.

Versuche auch mit Rückschlägen umzugehen,
nur so kannst du deine Erfolge
schätzen und sehen.
Also gib niemals auf,
denn mit dieser Einstellung nimmt dein Leben
einen anderen Verlauf.

Wieso fürchtest du dich, wenn du so viel Stärke in dir hast?

Stärke und Furcht

Wir bestimmen unsere Fähigkeiten,
sie lassen uns näher zu unseren
Zielen schreiten.
Verfestige deine Stärken
und du wirst die Größe in dir merken.

Gehe ganz oft über deine Grenzen
und du wirst mit deiner Stärke glänzen.
Stelle dich deiner Angst,
fürchte dich nicht,
denn das wird zum Hindernis,
was überhaupt nicht deiner Stärke entspricht.

Freue dich auch auf den Montag und du wirst ganz leicht durch die Woche kommen.

Montag

Am Montag ist es für viele schwer,
die schönen Stunden vom Wochenende sind
noch nicht lange her.

Doch es muss auch den Montag geben,
um mit der neuen Woche durchzustarten
und arbeiten zu gehen.

Der Montag ist nicht immer nur schlecht,
natürlich wäre uns der Freitag schon wieder
recht.

Doch wie oft haben wir am Montag schon so
viel gelacht und wir haben den schlimmsten
Tag der Woche ganz leicht geschafft.

Wieso siehst du nur die Wolken, wenn die Sonnenstrahlen dich lieb haben?

Hab dich lieb

Als ich diese Zeilen schrieb,
da dachte ich mir, ich hab dich lieb.
So wie die Sonnenstrahlen auf meiner Nase,
die ganze Liebe gesammelt in einer Luftblase.

Wenn die Natur am Morgen erwacht,
genau dann habe ich an dich gedacht.
Die Natur wird sich mit ihrer
ganzen Schönheit zeigen,
keinen Sonnenstrahl werde ich auf
meiner Nase kitzelnd meiden.

Ich bin sehr froh,
dass diese Erinnerung in mir blieb,
und deswegen hab ich dich lieb.

Wieso sind deine Zweige so schwer, wenn dir das Gewässer die Kraft immer wieder zurückgibt?

Trauerweide

Gott sei Dank hört nicht jeder meine Schreie
doch nicht selten tanze ich aus der Reihe.
Manchmal sind meine eigenen
Zweige so schwer,
oft bin ich kraftlos, mein Körper sagt,
ich kann bald nicht mehr.

Manchmal fühle ich mich auch besser,
meine Gedanken fließen wie ruhiges Gewässer.
Mein Selbstbewusstsein kommt langsam
wieder zurück, die Zweige heben sich leicht,
Stück für Stück.

Ausdrucksstärke und Schönheit sieht man von
außen, doch es gibt sie leider,
hängende Zweige von Trauerweiden,
da draußen.

Hoffnung hilft zu vertrauen, denn wir sollten im Leben vielmehr auf uns bauen.

Hoffnung

Hoffnung lebt in uns, sie nie zu verlieren,
das ist die Kunst.

Hoffnung ist keine Selbstverständlichkeit,
dies immer zu bewahren macht uns Menschen
reich.

Hoffnung ist unser Fundament,
auf das zu bauen,
wenn es gerade nicht gut rennt.

Setzen wir als Zeichen der Hoffnung
große Mauern, um uns in Zukunft ganz viel zu-
zutrauen.

Die Lebensleiter ist wie ein Wegweiser, gestalte deine Stufen des Lebens selbst. Orientiere dich an den Höhen der Lebensleiter und nicht an den Tiefen.

Lebensleiter

Das Leben und die Lebensleiter,
sie bringen uns weiter.
Langsam steigen wir hinauf,
jede Stufe der Lebensleiter rauf.
Manchmal begleiten uns Kummer und Sorgen,
mit der Lebensleiter an deiner Seite
bist du nicht verloren.

Hindernisse kannst du übersteigen,
Schwierigkeiten ganz einfach vermeiden.
Die Lebensleiter strebt immer zum Licht,
vielleicht hörst du es,
wenn sie zu dir spricht.
Die Lebensleiter ist dein Begleiter,
schaue immer zum Licht,
denn das Leben dreht sich sowieso weiter.

Vertraue dir und das
Leben tut es auch!

Du schaffst es

Glaub an dich ganz fest,
auch wenn dich mal der Glaube verlässt.
Vertraue dir selbst,
wenn du einen neuen Weg wählst.

Wage neue Schritte,
sammle die Kraft aus deiner Mitte.
Sei manchmal etwas verrückt
und von dir selbst mal entzückt.

Lasse die Schmerzen los und spüre dich,
glaub mir, es ist unbedenklich.
Nutze den gesunden Egoismus,
lebe dein Leben in deinem Rhythmus.

Verteidige dich, wenn dich wer verletzt,
das Leben ist oft wie ein Test.
Wenn du das Leben so lebst
vertraue dir, denn du schaffst es.

Freundschaften sind wie
Blumen. Viele verwelken,
aber manche blühen
Jahre in voller Pracht.

Freundschaft

Blumen sollen unsere Wege schmücken,
das Unkraut mit ihrer Schönheit erdrücken.
Ewig sollen die Blumen für uns strahlen,
damit wir gemeinsam Neues wagen.
Zusammen nur schöne Momente erleben,
unsere Blumen sollen sich vom Unkraut
erheben.

Pflegen wir auf unserem Weg die Nelken,
denn unsere Freundschaft soll nie verwelken.

Wenn wir aufhören,
uns an den Leistungen
anderer zu messen, wird
die Eigenleistung in uns in
das Unendliche wachsen.

Eigene Leistung

Entscheidungen triffst allein du,
das Loslassen steht nur dir zu.

Kritik an dir selbst
und bei anderen vermeiden,
zielgerichtet bei deiner Leistung bleiben.

Lasst uns die Eigenleistung zeigen,
denn sie wird in unserem Leben immer bleiben.

Lassen wir die Farben des Lebens auf uns wirken und wir werden den Regen nicht spüren.

Farbenpracht

Menschen kommen und gehen,
Trennungsschmerz wird es immer geben.
Das Leben stellt uns neue Herausforderungen,
jeder von uns hat schon einen Berg bezwungen.

Manche Menschen ziehen uns runter,
doch durch liebevolle Menschen wird unser
Leben auch bunter.
Genieße die Farbenpracht im Leben
und lasst uns bis ins hohe Alter
auf Wolken schweben.

Warum fehlt es mir an
Geborgenheit?
Weil du deine Höhle noch
nicht gefunden hast.
Beginne in deinem Herzen!

Geborgenheit

Mein Kopf ist ganz kühl,
ich keine Geborgenheit fühl.
Mir fehlt die Wärme und das Vertrauen in mir,
dabei habe ich meine Höhle immer im Visier.
Manchmal kommt die Geborgenheit zu mir,
doch sie bleibt nie lange hier.

Ich werde das verborgene Gefühl in
meinem Herzen suchen
und vielleicht kommt mich die Geborgenheit
für immer besuchen.

Wieso machen wir es uns oft so schwer, wenn es auch ganz einfach ginge?

So schwer

Mein Leben ist so schwer,
der Körper schreit, ich kann bald nicht mehr.
Für das Leben ist jeder verantwortlich,
doch wir lassen uns gerne selbst im Stich.

Sei es der Perfektionismus
oder die Sorglosigkeit,
doch auch unsere Seele braucht ihre Zeit.
Sei wachsam und ernähre dich gesund,
nach einiger Zeit läuft es wieder rund.

Lasse alles los, was dich bedrückt,
und bald wirst du nicht mit Schwere,
sondern mit Leichtigkeit beglückt.
Glaube an dich, ganz fest,
denn das Leichte hat sich schon so oft
durchgesetzt.

Warum gibt es so gemeine, hässliche Menschen da draußen und doch glauben sie, sie sind schön?

Hässliche Menschen

Manche Menschen sind gehässig und gemein,
ohne Freunde und meistens allein.
Manche Menschen sind voller Hass und Neid,
erfreuen sich an anderer Leid.
Manche Menschen sind nur auf ihren Vorteil
bedacht, haben noch nie in ihrem Leben gute
Taten vollbracht.

Irgendwann sind solche Menschen allein
und es wird auch beim Sterben
keiner bei ihnen sein.
Es kommt alles zurück,
jede schlechte Tat, Stück für Stück.
Deshalb vollbringen viele Menschen auch gute
Taten, denn sie lassen die Engel da oben,
nicht zu lange warten.

Wieso ist sich jeder nur mehr selbst der Nächste, wenn ein Füreinander viel schöner ist?

Nächstenliebe

Sich selbst immer der Nächste zu sein,
macht die heutige Zeit ganz klein.
Vielmehr sollten wir wieder helfend handeln,
die kleine Welt in eine große verwandeln.

Wir sollten uns Menschen mehr zuwenden
und auch unserem Nächsten Liebe schenken.
Ein Füreinander in unserer Gesellschaft
gibt uns allen Menschen Kraft.

Lasst uns wieder wie früher zusammenhalten,
den Weg gemeinsam gehen
und die Welt etwas besser gestalten.

Wieso denken wir oft so schlecht von Menschen, wenn wir sie nicht mal kennen?

Vorurteile

Vorurteile sind wie Viren,
doch können sie jedes Selbstbild ruinieren.
Oft urteilen die Menschen über andere,
ohne etwas zu wissen,
lassen nichts anderes gelten,
sind bei ihrer Meinung ganz verbissen.

Wie würden wir uns fühlen,
wenn es uns so geht?
Zeigen wir ganz viel Liebe,
denn es ist der Mensch,
der im Vordergrund steht.

Schlusswort

Liebe Leserinnen und Leser!

Lasst uns die Welt, die Taten und Worte nicht immer durch die Wolken sehen, sondern lenken wir unsere Augen zur Sonne. Natürlich ist nicht immer alles rosarot, doch wenn wir unserem Leben einen Sinn geben, wird es von selbst viel bunter werden.

Deswegen gebe ich meinem Tun einen Sinn, denn dadurch weiß ich, wer ich wirklich bin.

Die Autorin
Nicole Sunitsch
(nicolesunitsch.blogspot.com)

Meine Bücher

Neuerscheinung im Juli 2018!